Inhaltsverzeichnis

Vorbemerkungen und Tipps (1)

Frosch ist ein Künstler. In allem sieht er das Schöne, das mit ein wenig färben und formen zu großer Kunst werden kann. Aber in seinem Sumpf wird es ihm bald langweilig. So zieht er aus und bemalt Bärs Höhle, bringt Schlange in eine neue Form, flechtet eine Puppe aus Vogels Nest und verbreitet noch ein bisschen mehr Chaos. Als die wütenden Tiere Frosch dann nach Hause zurückschicken, kommt ihm die rettende Idee: seine eigene Kunstausstellung im Sumpf!

Und wie könnte man ein so farbenfrohes Bilderbuch besser lesen und erleben, als selbst zum Künstler oder zur Künstlerin zu werden? Mit den Angeboten aus diesem Heft können die Kinder die Geschichte von Frosch lebendig werden lassen und sich intensiv mit dem Inhalt auseinandersetzen, und das mit viel Kreativität. Sie können sich selbst an Froschs Kunstformen und Maltechniken ausprobieren und ihre eigene Ausdrucksform finden. Dabei werden immer wieder die Ereignisse aus dem Buch aufgegriffen und laden die Kinder ein, in die Geschichte einzutauchen und sie für sich zu begreifen. Zusätzlich werden die Themen Frosch, Sumpf und Farben künstlerisch wie sachthematisch eingebunden. So wird mit allen Sinnen die Lesekompetenz gefördert und hoffentlich das ein oder andere Kind für Bücher begeistert.

Ideen zur Umsetzung im Unterricht

- Fragen Sie zuvor bei den Eltern, ob sie Bastelmaterial zu den Angeboten spenden können.
- Passend zum Medienkompetenzrahmen können Sie die Kinder in Büchern und auf Kindersuchseiten im Internet recherchieren lassen. Die Kinder können zum Beispiel einen Steckbrief zum Autor des Buches erstellen. Auch können weitere Bücher des Autors gelesen und vorgestellt werden.
- Lassen Sie die Kinder zum Beispiel mit einem Zeichenprogramm malen und Collagen erstellen. Hier eignen sich Zeichenprogramme wie Paint, Paint 4 Kids oder Tux Paint. So können Sie den Medienkompetenzrahmen passend mit einbinden.
- Besuchen Sie mit Ihren Kindern doch einmal eine Kunstausstellung. Dieses Einbeziehen von außerschulischen Lernorten ist zum einen Teil des Lehrplans und kann sich zum anderen positiv auf die Gestaltungsideen der Kinder auswirken. Wenn Sie keine Möglichkeit haben, einen solchen Besuch zu machen, kann man einige Ausstellungen auch digital besuchen. So bauen Sie auch gleich Medienkompetenzen mit in den Unterricht ein. Viele Seiten von Ausstellern haben auch besondere Angebote für Kinder, die sich einsetzen lassen.
- Die Kinder können passend zur Geschichte einen Geschichtenkarton basteln. Hierfür benötigen sie einen Schuhkarton mit allem, was zum Buch passt. Diese Dinge können die Kinder von zu Hause mitbringen, malen, ausschneiden und einkleben oder aus allem Möglichen basteln. Eine Landschaft passend zu einer Szene aus dem Buch kann ebenfalls gemalt und als Hintergrund in den Karton geklebt werden.
- Genau wie Frosch können die Kinder am Ende eine Ausstellung mit ihren Werken organisieren und ihre Kunst ihrer Familie und ihren Freunden vorstellen. Dazu können sich die Kinder in Gruppen zusammenfinden, die sich mit Ihrer Hilfe um die verschiedenen Aufgaben kümmern (z. B. Vorbereitung der Ausstellungsräume, Führungen für die Gäste, mögliche Verpflegung, Gestalten von Plakaten oder Erstellen von Flyern …).

Vorbemerkungen und Tipps (2)

Links:

https://artsandculture.google.com/
https://artsandculture.google.com/pocketgallery/IQUxrMnvNro2DQ
Upcycling-Ideen: https://www.geo.de/geolino/basteln/15038-upcycling-mit-kindern-basteln

Vorbemerkungen zu den einzelnen Aufgaben

Zu „Was ist ein Sumpf?“, S. 8:
Das Plakat zum Schutz der Sümpfe kann gut in Gruppenarbeit erstellt werden. Bevor die Plakate gebastelt werden, sollten die Kinder Skizzen anfertigen. So können sie vorher sehen, welche Gestaltungselemente in welcher Anordnung die gewünschte Wirkung erzielen. Es bietet sich an, dass Sie den Kindern vorab einige Plakate als Beispiele zeigen und die Gestaltungselemente besprechen. Die Plakate können am Computer erstellt werden, um die Medienkompetenz spielerisch zu fördern.

Zu „Was ist ein Künstler oder eine Künstlerin?“, S. 10:
Dieses Angebot kann gut mit dem späteren Angebot „Alles kann Kunst sein – Joseph Beuys“ (S. 30) in Beziehung gesetzt werden.

Zu „Das Schöne in allem – ein Mosaik aus Müll“, S. 10:
Der Müll kann in einer Sammel- und Saubermachaktion auf dem Schulhof und rund um das Schulgelände zusammengetragen werden. Achten Sie vor dem Basteln darauf, dass der Müll sauber und ungefährlich ist! Scharfe Kanten können abgefeilt werden. Um die soziale Kompetenz und eine positive Atmosphäre in der Klasse zu stärken, kann zu diesem Thema oder auch am Ende des Projektes beim Thema „Freunde“ eine „Warme Dusche“ veranstaltet werden. So entdecken die Kinder, wie viel Schönes sie selbst in sich tragen.

Zu „Langeweile“, S. 12:
Langeweile ist wichtig für Kinder, da sie dadurch ihre eigenen Ideen zur Beschäftigung finden können. Langeweile und eintönige Aufgaben fördern die Kreativität. Mit dieser Übung können die Kinder sich vielleicht selbst inspirieren. Folgende Wörter können zum Beispiel gefunden werden: Welle – Nagel – lang – Engel – Wagen – eilen – Wange – Weg – wiegen – Angel – Liege – Igel – genial – Wille – Wall – eng … Dabei ist es nicht so wichtig, ob Buchstaben in einem Wort mehrmals verwendet werden.

Zu „Farbe herstellen“, S. 12:
Die Farbe kann aus Beeren hergestellt werden, die kurz vor dem Verfallsdatum sind und sonst weggeworfen werden. Hierzu können Sie auch in Supermärkten nach Lebensmitteln fragen, die weggeworfen werden sollen. Wenn Sie die Beeren bei einem Spaziergang sammeln, sollten die Kinder nur so viel sammeln, wie wirklich benötigt wird, und einen ausreichenden Bestand zurücklassen. Außerdem sollten die Kinder in Gruppen arbeiten, damit nicht zu viel Farbe hergestellt wird.
Die Farbe eignet sich zum Beispiel für das Angebot „Malen wie die Höhlenmenschen“ (S. 16) oder „Eine Einladung zur Kunstausstellung“ (S. 35).

Vorbemerkungen und Tipps (2)

Zu „Wie Pinsel hergestellt werden“, S. 13:
Als Zweige sind zum Beispiel Japanischer Knöterich, Wiesenkerbel oder Engelwurz geeignet. Sie sind innen hohl. Die Zweige von Holunder und Haselnuss haben einen weichen Innenteil und können leicht bearbeitet werden. Lassen Sie die Kinder die Zweige im Vorfeld mitbringen oder besorgen Sie die Zweige für alle gemeinsam.

Zu „Bunt auf Schwarz“, S. 14:
Anstelle von Gelstiften können auch Ölkreiden oder Acrylfarben genutzt werden. Für letztere werden Pinsel und Unterlagen benötigt.

Zu „Malen wie die Höhlenmenschen“, S. 16:
Zeigen Sie den Kindern vor dem Malen Bilder von Höhlenmalereien
(z. B. über: *commons.wikimedia.org* – Suchwort Höhlenmalerei) .
Die Strohhalme sollten aus nachhaltigem Material sein. Wenn Sie Papierstrohhalme nehmen, braucht jedes Kind eventuell mehrere, da diese schnell durchweichen können. Statt mit Kohlestiften können die Kinder auch das Ende eines Schaschlikspießes in einer Teelichtflamme anbrennen und damit malen. Hierfür können Sie als Lehrkraft mit dem Teelicht zu den Schülern gehen oder diese kommen zu zweit oder in einer kleinen Gruppe zu Ihnen an den Tisch. Unter Ihrer Aufsicht kann dann der Stab angebrannt werden. Stellen Sie ein Löschmittel bereit und halten Sie die Kinder zur Vorsicht an. Weisen Sie sie auch darauf hin, dass sie so etwas nicht allein machen dürfen. Eventuell übernehmen Sie als Lehrkraft das Anbrennen selbst.

Zu „Origami Papierfrosch“, S. 21
Besonders die Faltanleitung für den Frosch wird für die Kinder noch sehr schwierig sein. Am besten machen Sie den Kindern die Schritte vor und falten gemeinsam die Origami-Tiere.

Zu „Eine Statue aus Pappmaché“, S. 23:
Statt Toilettenpapier können auch alte Zeitungen genommen werden. Diese sollten allerdings in heißem Wasser eingeweicht und mit einem Mixer zu einem einheitlichen Brei zerkleinert werden. Dieser Brei wird Pulpe genannt. Er benötigt eine längere Trockenzeit.

Zu „Kunstaufführung ‚Der Farbenfrosch‘“, S. 29:
Hierbei werden die Kinder vermutlich Ihre Hilfe brauchen. Trotzdem sollten die Kinder ihrer Kreativität freien Lauf lassen, damit die Ausstellung zu ihrer eigenen Kunstaufführung wird.

Aufgaben, die sich besonders auf die Medienkompetenz beziehen, sind mit  gekennzeichnet.

Name: ______________________ Datum: ______________

Deckblatt zu „Der Farbenfrosch“

Male ein Deckblatt zum Buch „Der Farbenfrosch“.

Name: ______________________

Klasse: ______________________

Name: ______________________ Datum: ______________

Frosch ist ein Frosch

1. Male Frosch aus dem Buch in den Kasten ab.
2. Sieh dir die Zeichnung von einem echten Frosch an.
   Vergleicht die Bilder zu zweit.

3. Welche Körperteile fehlen bei Frosch aus dem Buch?
   Kreise sie ein.

Auge Trommelfell Hinterbeine

Vorderbeine Zunge

Schwimmhäute

Zehen

Nase Mund

Name: ________________________ Datum: ____________

Tiere malen

1. Frosch sieht nicht ganz aus wie ein echter Frosch.
   Trotzdem erkennt man, welches Tier er ist. Woran könnte das liegen?
   Überlegt zusammen in der Klasse.
2. Versuche, selbst ein Tier wie Frosch zu malen:
   - Wähle ein Tier mit Beinen oder Armen aus.
   - Suche im Internet oder in Sachbüchern nach Bildern von diesem Tier. Welche besonderen Merkmale hat es? Hat es zum Beispiel besonders lange oder große Körperteile?
   - Zeichne einen Kreis oder ein Oval. Das ist der Körper des Tieres.
   - Zeichne nun die besonderen Merkmale an und auf den Körper.

   Ergänze den Rest des Tieres mit einfachen Strichen.

3. Kann man das Tier erkennen?

____

Name: ______________________________ Datum: ______________

Überall Frosch

Du brauchst:
1 Unterlage, 1 Blatt Papier (DIN A4 oder DIN A3), Wasserfarben, Pinsel, rote Fingerfarbe, Stifte

So geht es:

1. Lege das Blatt Papier auf die Unterlage.
   Male das Papier mit Wasserfarbe in einer Farbe deiner Wahl an.
   Bedenke dabei, dass man den roten Frosch auf dieser Farbe gut sehen sollte.
2. Dippe deinen Daumen in rote Fingerfarbe. Mache nun mit deinem Daumen in einigem Abstand voneinander Abdrücke auf das Papier. Jeder Abdruck wird ein Körper von Frosch. Eventuell musst du zwischendurch wieder neue Farbe auf deinen Daumen malen.
3. Male den Fröschen nun Arme, Beine und ein Gesicht. Male Frosch dabei in verschiedenen Posen. Gib ihm auch unterschiedliche Gesichtsausdrücke.
   Du kannst ihm zum Beispiel auch einen Pinsel und eine Farbpalette in die Hand malen.
   Jeder Frosch ist so einzigartig wie dein Fingerabdruck!

Tipp:
Dein Bild kannst du zum Beispiel als Dekopapier benutzen.
Du kannst daraus auch eine Karte basteln oder es auf dein Notizbuch kleben.

Name: ______________________________ Datum: ______________

Was ist ein Sumpf?

1. Lies den Info-Text aufmerksam.
2. Suche schwierige Wörter im Lexikon oder im Internet.
   Schreibe ihre Bedeutung auf.
3. Erstelle ein Plakat zum Schutz der Sümpfe. Male dazu Bilder von Sümpfen und ihren Bewohnern. Finde eine gut sichtbare Überschrift.
   Erkläre in einem kurzen Text, warum die Sümpfe geschützt werden sollten.

Info-Text
Ein Sumpf ist ein Feuchtgebiet. Er entsteht an Ufern und flachen Flüssen. Durch das Wasser wird der Boden schlammig. In einem Sumpf wachsen viele Pflanzen, die es nur dort gibt, zum Beispiel Schilfgras und Sumpfschwertlilien. Dort leben auch viele Tiere wie Libellen und andere Insekten, aber auch die Sumpfschildkröte. Früher haben die Menschen viele Sümpfe trockengelegt, um darauf zu bauen. Auf dem fruchtbaren Boden konnten sie ihre Felder anlegen. Heute weiß man, dass Sümpfe und ihre Bewohner wichtig für die Umwelt sind. In Sümpfen und Mooren sind viele Gase gespeichert, die den Klimawandel sonst verstärken würden. Deshalb werden die Sümpfe heute gut geschützt.

BVK • Lara Keste: Kunst zum Kinderbuch „Der Farbenfrosch" von Alex Willmore

Name: ______________________ Datum: ____________

Frösche im Sumpf

Meistens sind Frösche nicht rot und auffällig. Sie sind oft grün oder braun, damit sie gut getarnt sind. Nun wollen wir sehen, wie gut du deine Frösche verstecken kannst.

Du brauchst:
Papier (zum Beispiel DIN A4), Buntstifte, Wachsmalstifte / Wasserfarben und Pinsel, Wasserglas, 1 Schere, Kopiervorlage „Frösche im Sumpf“, evtl. 1 Bleistift, Kleber

So geht es:

1. Male mit Buntstiften, Wachsmalstiften oder Wasserfarben einen Sumpf auf ein Blatt Papier. Benutze dazu die natürlichen Farben eines Sumpfes. Dafür brauchst du viel Braun, Grün und Blau.
   Lasse das Bild gut trocknen, wenn du es mit Wasserfarben gemalt hast.
2. Nimm die Kopiervorlage. Schneide die Frösche aus.
   Du kannst auch selbst Frösche malen und ausschneiden.
3. Klebe die Frösche auf dein Sumpfbild.
4. Male nun die Frösche so aus, dass sie gut getarnt sind.
   Nutze dazu Farben passend zu ihrer Umgebung.

Jetzt sind eure Frösche gut vor Feinden geschützt.
Können die anderen Kinder sie noch auf eurem Bild finden?

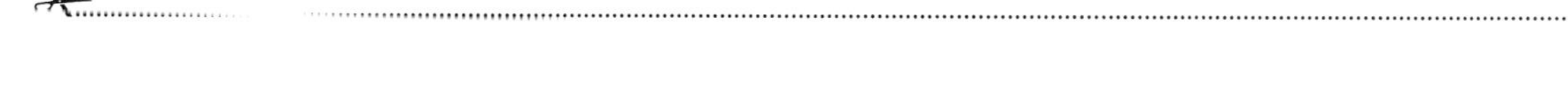

Kopiervorlage „Frösche im Sumpf“

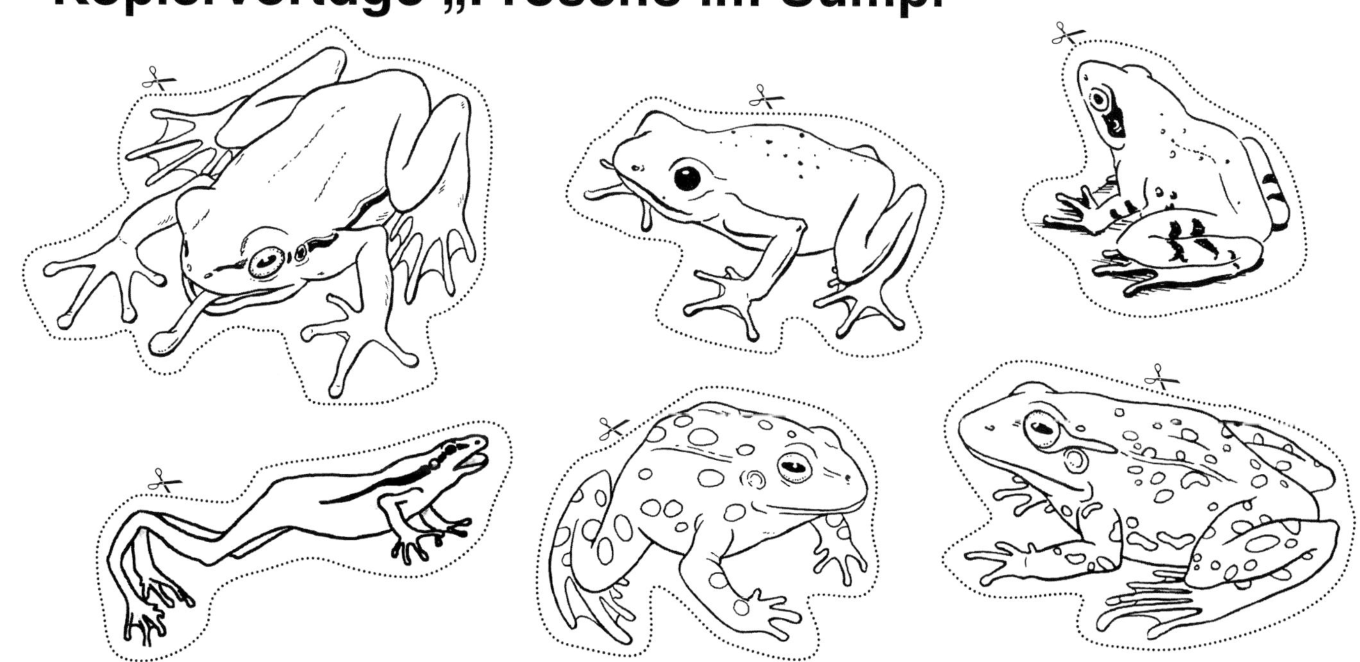

Name: ______________________ Datum: ____________

Was ist ein Künstler oder eine Künstlerin?

1. Frosch ist ein Künstler. Aber was heißt das eigentlich?
   Was ist ein Künstler oder eine Künstlerin und was macht er oder sie?
   Besprecht zusammen in der Klasse.
2. Kann jeder Mensch ein Künstler oder eine Künstlerin sein?
   ☒ Kreuze an und begründe.

○ Jeder Mensch kann ein Künstler oder eine Künstlerin sein, denn …

____
____
____
____

○ Nicht jeder Mensch kann ein Künstler oder eine Künstlerin sein, denn …

____
____
____
____

3. Besprecht eure Antwort zu zweit.

Name: ______________________ Datum: ____________

Das Schöne in allem – ein Mosaik aus Müll

Frosch kann als Künstler in allem das Schöne entdecken.
Gelingt dir das auch?

Du brauchst:
ganz viel Müll (zum Beispiel saubere Plastikverpackungen, Flaschendeckel, alte Kataloge …), 1 Leinwand, 1 Schere, Kleber

So geht es:
1. Lege dir den Müll bereit. Schneide größere Teile wie Kataloge oder Plastikverpackungen in kleine Stücke.
2. Mit diesem Müll kannst du nun ein Mosaik auf der Leinwand legen.
   Das kann ein Muster sein oder du suchst dir ein Motiv aus.
   Wie wäre es zum Beispiel mit einer Schildkröte?
3. Klebe dein Mosaik anschließend auf der Leinwand fest.

So wird aus hässlichem Müll schöne Kunst!

BVK • Lara Keste: Kunst zum Kinderbuch „Der Farbenfrosch" von Alex Willmore

Name: ______________________________ Datum: ______________

Kunst mit einem leeren Blatt

Frosch sitzt vor seinem leeren Blatt und hat keine Idee.
Dabei kann man allein mit einem weißen Blatt tolle Kunst erschaffen!

Du brauchst:
weißes Papier (quadratisch), 1 Schere, evtl. Washi Tape / Klebefilm, farbige Pappe

Hinweis:
Quadratisch bedeutet, dass alle Seiten des Vierecks gleich lang sind. Das sieht dann aus wie eine Seite eines Würfels. Wenn du kein quadratisches Blatt hast, kannst du eines aus einem normalen Blatt Papier (DIN A4) ausschneiden.

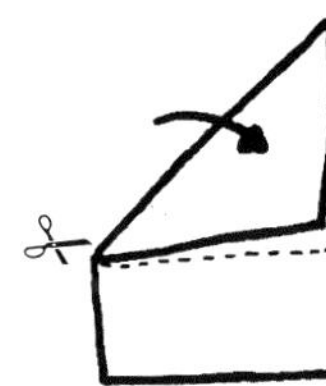

So geht es:

1. Falte das weiße Blatt gerade in der Mitte.
2. Falte es noch einmal in der Mitte, sodass die kurzen Seiten aufeinanderliegen.

3. Falte das Blatt diagonal. Du solltest nun ein Dreieck vor dir haben.

4. Falte das Dreieck in der Mitte, sodass ein kleineres Dreieck entsteht.
5. ✂ Schneide Muster in die Seiten des Papiers. Du schneidest dabei durch mehrere Schichten Papier gleichzeitig. Du kannst zum Beispiel Halbkreise, Vierecke oder Dreiecke herausschneiden.

6. Falte das Papier wieder auseinander. Es ist ein tolles Muster entstanden!
7. Probiere noch mehr Muster aus.
   Tipp: Du kannst das Blatt auch anders falten.
   Je kleiner du das Papier faltest, desto feiner wird auch das Muster.

Macht am Ende eine Klassenausstellung.

Tipp:

- Aus dem geschnittenen Papier kann eine wunderbare Teelichtlampe gemacht werden. Rolle dazu das Papier zusammen und klebe es mit Klebefilm oder Washi Tape fest. Stelle es dann über eine LED-Kerze.
- Du kannst das Papier auch auf ein Stück farbige Pappe kleben.

Name: ______________________ Datum: ______________

Langeweile

Frosch findet seinen Sumpf schrecklich langweilig.
Kennst du das Gefühl auch?

1. Was machst du, wenn dir langweilig ist? Ist Langeweile gut oder schlecht?
   Tauscht euch zu zweit aus.

2. Wenn man Langeweile hat, kann man auf ganz neue Ideen kommen.
   Bilde aus den Buchstaben neue Wörter.
   Schreibe oder male sie in dein Heft.

   L A N G E W E I L E

3. Lies deine gefundenen Wörter noch einmal.
   Zu welchen Begriffen könntest du etwas malen oder basteln?
   Setze deine liebste Idee um.

Name: ______________________ Datum: ______________

Farbe herstellen

Frosch pflückt Beeren, aus denen er Farbe macht. Das kannst du auch!

Du brauchst:
1 feines Sieb, 1 kleine Schüssel, rote Beeren, 1 Löffel, etwas Wasser,
ggf. etwas Kleisterpulver, Papier, Pinsel, evtl. 1 Bleistift

So geht es:
1. Lege das Sieb in die Schüssel.
2. Fülle eine Handvoll Beeren in das Sieb. Presse die Früchte mit dem Löffel aus.
3. Gib einen Löffel Wasser auf die Beeren. Drücke die Früchte noch einmal aus. Wenn du eine dickflüssigere Farbe möchtest, kannst du noch etwas Kleisterpulver unterrühren.
4. In der Schüssel hast du nun deine eigene rote Farbe. Im Kühlschrank kann sie einige Tage aufbewahrt werden.
5. Zeichne mit Bleistift ein Bild von einem Beerenstrauch oder einer Blumenwiese.
   Male mit der roten Farbe nur die Beeren oder Blüten aus. Siehst du, wie die Farbe leuchtet?

Name: ______________________ Datum: ____________

Wie Pinsel hergestellt werden

Zum Malen braucht Frosch auch einen Pinsel. Den bastelt er sich aus einem Stock und den Haaren des Elches. So ähnlich werden auch echte Pinsel hergestellt.

1. Lies den Info-Text aufmerksam.
2. Markiere jeden Arbeitsschritt in einer unterschiedlichen Farbe.
3. Erstelle dann ein Plakat dazu. Teile die Herstellung in Schritte ein und male Bilder dazu.

Info-Text

Früher mussten die Menschen ihre Pinsel selbst herstellen, genau wie Frosch. Irgendwann gab es dann Pinselmacher. Diesen Beruf gibt es auch heute noch. Die Pinselmacher stellen Pinsel in allen Größen und Formen aus Tierhaaren oder Kunstfasern her. Zuerst wird die passende Menge an Haaren genommen. Die Haare werden in eine kleine, unten geschlossene Röhre geführt. Diese wird auf den Tisch geklopft, damit alle Haare auf den Boden kommen. So steht kein Haar heraus. Dann wird das Bündel herausgenommen und festgeschnürt. Die Haare werden in der Hand gedreht. So entsteht die Pinselspitze. Das Bündel wird in das Metallröhrchen vom Pinsel gezogen und festgeklebt. Dann wird der Holzgriff in das Metallröhrchen gesteckt und festgedrückt. Fertig ist der Pinsel!
Viele Pinsel werden heutzutage von Maschinen hergestellt.

4. Stelle selbst Pinsel aus Naturmaterialien her:

Du brauchst:

Gräser, Tannenzweige, Federn, hohle Zweige (in handlicher Größe), 1 Wollfaden, 1 Schere, 1 Hammer, Papier, Wasser- oder Acrylfarbe

So geht es:

- Stecke das Gras, einen Tannenzweig oder eine Feder in einen hohlen Zweig. Besonders das Gras kannst du vorher unten mit einem Wollfaden umwickeln, damit du es einfacher in den Stock schieben kannst.
- Binde die Materialien dann mit einem Wollfaden an dem Zweig fest.
- Du kannst auch das Ende eines Stockes mit einem Hammer bearbeiten. Dabei franst der Stock aus.

So einfach bastelst du eigene Pinsel. Teste sie auf dem Papier und vergleiche, wie sie malen.

Name: ______________________ Datum: ______________

Bunt auf Schwarz

Hilf Frosch dabei, Bärs Höhle schön bunt zu bemalen.

Du brauchst:
schwarzes Papier, bunte Gelstifte

So geht es:

1. Male mit den Gelstiften Tiere, Pflanzen oder Muster auf das schwarze Papier. Bemale dabei nur eine Seite des Papiers.
2. Hängt eure Bilder zunächst mit der schwarzen Seite nach vorne auf. Sie werden lückenlos aneinandergehängt.
3. Betrachtet die schwarze Wand. Wie sieht sie aus? Wie wirkt sie? Sammelt eure Eindrücke.
4. Dreht nun die Bilder um und zeigt eure bunten Bilder.
5. Betrachtet auch diese bunte Wand genau. Wie sieht sie aus? Wie wirkt sie? Wie auffällig sind die Farben? Vergleicht eure Eindrücke zu vorher.

Eure Ergebnisse könnt ihr zum Beispiel in einer Mindmap festhalten.

Name: ______________________ Datum: ______________

Bärs Höhle – ein Kratzbild

Du brauchst:
dickes Papier oder Pappe, 1 Unterlage, bunte Wachsmalstifte, schwarze Acrylfarbe, 1 großen Pinsel, 1 Wasserglas, 1 Schaschlikspieß

So geht es:

1. Lege das Papier oder die Pappe auf eine Unterlage.
2. Bemale das Papier dick mit den Wachsmalstiften. Du solltest keine Lücken lassen. Benutze dabei möglichst viele Farben.
3. Male nun mit schwarzer Acrylfarbe darüber, bis keine Farbe mehr zu sehen ist. Lasse das Bild gut trocknen.
4. Nun kannst du mit dem Schaschlikspieß Bilder und Muster in die Acrylfarbe kratzen.

Fertig ist deine eigene Höhlenmalerei!

Name: ______________________ Datum: ____________

Bär ist wütend

1. Bär freut sich nicht über die Bemalungen in seiner Höhle.
   Woran könnte das liegen?
   ✎ ☒ Kreuze an.
   ✎ Du kannst auch eigene Ideen aufschreiben.

☐ Bär gefällt die Kunst von Frosch nicht.

☐ Bär mag seine Höhle lieber dunkel.

☐ Bär kann Frosch nicht leiden.

☐ Bär wollte seine Höhle selbst bemalen.

____

____

2. 👄 Besprecht eure Antworten ☺☺ zu zweit.

3. Stelle dir vor, ein Freund / eine Freundin hätte die Wände in deinem Zimmer bemalt. Wie würdest du reagieren?
   ✎ Schreibe auf.

____

____

____

Name: ______________________ Datum: ______________

Malen wie die Höhlenmenschen

Schon vor über 40 000 Jahren haben die Menschen die Wände von Höhlen verziert. Sie haben Tiere gemalt, aber auch Menschen oder Muster, und sie haben ihre Handabdrücke hinterlassen. Dafür haben die Höhlenmenschen auch Röhrchen zum Aufpusten der Farbe und ihre Hände als Schablone benutzt. Mit dieser Technik kannst du also malen wie die Höhlenmenschen!

Du brauchst:
1 Unterlage, 1 Malkittel, 1 Schere, Packpapier, Bleistift, Papier, Kopiervorlage „Schablonen“ (s. S. 17), Washi Tape, Pinsel, Acrylfarben, Wasserglas, Teller, 1 Strohhalm (z. B. aus Papier, Metall), Kreide, Kohlestift, evtl. 1 Fixativ-Spray

So geht es:
1. Lege die Unterlage vor dich und ziehe deinen Malkittel an.
2. ✂ Schneide ein großes Stück Packpapier ab und zerknülle es. Streiche es dann wieder glatt. So erhältst du deine Höhlenwand.
3. ✂ Schneide die Kopiervorlage „Schablonen“ aus oder ✎ male eigene Motive.
4. Nimm zwei kleine Stücke Washi Tape und drehe daraus ein Röllchen. Die Klebeseite sollte nach außen zeigen. Klebe damit die Schablone auf deinem Papier fest.
5. Verdünne Acrylfarbe auf einem Teller mit etwas Wasser. Die Farbe sollte noch recht fest sein, sodass sie nicht vom Strohhalm tropft.
6. Tauche das eine Ende des Strohhalmes in die Farbe. Halte den Strohhalm über die Schablone und puste kräftig durch das andere Ende. Die Farbe versprüht. Wiederhole es, bis die Schablone von Farbe umgeben ist. Sind alle Motive aufgepustet, kannst du die Schablonen und das Washi Tape vorsichtig entfernen.
7. Die Umrisse der Motive kannst du mit Kohlestiften oder Kreide nachmalen und Details einzeichnen. Auch Muster wie Spiralen kannst du damit auf deine Höhlenwand bringen.

Tipp:
Damit Kohlestift und Kreide nicht verwischen, kannst du dein Bild mit einem Fixativ-Spray einsprühen. Das bildet eine schützende Schicht über den Farben.

Kopiervorlage „Schablonen“

BVK • Lara Keste: Kunst zum Kinderbuch „Der Farbenfrosch“ von Alex Willmore

Name: ______________________________ Datum: ______________

Wusch, Spritz und Platsch!

Wörter wie „Wusch“, „Spritz“ und „Platsch“ kennst du vielleicht auch aus Comics. Man nennt sie Wortmalerei. Wenn wir solche Wörter sagen, klingen sie wie das Geräusch selbst. Man malt also mit seinen Worten.

1. Verbinde die Wörter mit den richtigen Bildern.

2. Fallen dir weitere Lautmalereien ein? Schreibe sie auf.

____

____

BVK • Lara Keste: Kunst zum Kinderbuch „Der Farbenfrosch“ von Alex Willmore

Name: ______________________________ Datum: ______________

Papierschlange im Baum

Du brauchst:

Kopiervorlage „Baumkrone“ (s. S. 19), Bunt- oder Filzstifte, 1 Blatt dickes Papier, 1 Lineal, braune Pappe, 1 Schere, Kleber, evtl. kleine Zweige, Klebefilm

So geht es:

1. Male die Vorlage der Baumkrone farbig aus. Wenn du möchtest, kannst du auch selbst eine Baumkrone malen.
2. Schneide aus der braunen Pappe Äste aus. Klebe sie in das Bild. Lasse dabei einige Zweige abstehen. Klebe diese also noch nicht fest.
3. Bemale ein Blatt dickes Papier von beiden Seiten. Das wird deine Schlange.
   Schneide davon einen langen, geraden Streifen ab. Er sollte etwa 6 cm breit sein.
   Schneide das eine Ende leicht spitz zu. Das wird der Schwanz deiner Schlange.
   Schneide auf der anderen Seite eine Rundung. Das wird der Kopf deiner Schlange.
4. Knicke deine Schlange so, wie es dir gefällt. Zeichne ihr dann ein Gesicht auf.
5. Klebe die Schlange in die Baumkrone. Dabei kannst du auch Teile der Schlange abstehen lassen. So hast du ein richtiges 3D-Bild. Lege die losen Zweige über die Schlange, sodass sie im Baum „hängt“.

Kopiervorlage „Baumkrone“

Name: ______________________________ Datum: ______________

Origami Papierschlange

Frosch faltet Schlange in ganz neue Formen. So ähnlich macht man das auch beim Origami.
Origami ist eine alte japanische Kunst. Bei ihr faltet man Gegenstände und Tiere aus Papier. Mit Hilfe dieser Anleitung kannst du das auch!

Du brauchst:
farbiges, quadratisches Papier (oder weißes Papier selbst bemalen), 1 schwarzer Stift

Hinweis:
Quadratisch bedeutet, dass alle Seiten des Vierecks gleich lang sind. Das sieht dann aus wie eine Seite eines Würfels. Für das Origami sollten die Seiten des Papiers etwa 15 cm lang sein.

So geht es:

1. Nimm ein quadratisches Blatt Papier. Fange an einer Ecke an und falte sie ein kleines Stückchen um.

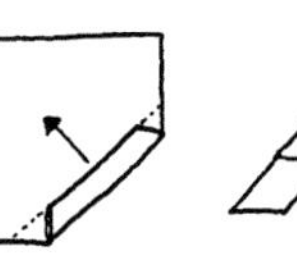

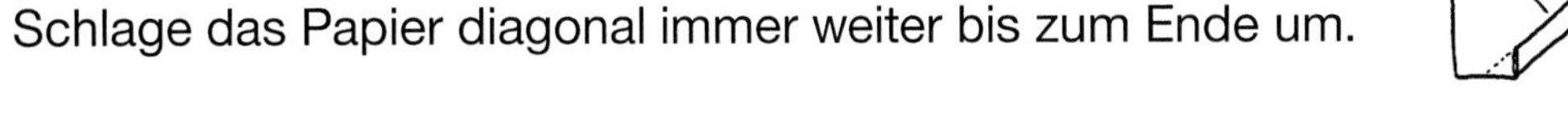

2. Schlage das Papier diagonal immer weiter bis zum Ende um.

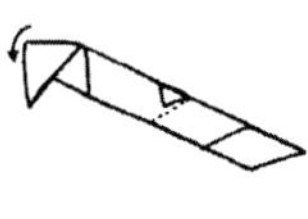

3. Klappe nun an einem Ende das Papier ein Stückchen nach unten um. Das wird der Kopf.

4. Knicke die Schlange einmal in der Mitte nach oben.
5. Falte das letzte Stückchen wieder nach unten.
6. Male der Schlange mit einem schwarzen Stift ein Gesicht.

Fertig ist deine Origami-Schlange!

Wenn du möchtest, kannst du die Schlange auch anders knicken.
So kannst du deine eigene Schlangenform erstellen, genau wie Frosch es gemacht hat.

Name: ______________________________ Datum: ______________

Origami Papierfrosch

Frosch faltet Schlange in ganz neue Formen. So ähnlich macht man das auch beim Origami. Origami ist eine alte japanische Kunst. Bei ihr faltet man Gegenstände und Tiere aus Papier. Mit Hilfe dieser Anleitung kannst du das auch!

Du brauchst:
farbiges, quadratisches Papier (oder weißes Papier selbst bemalen), 1 schwarzer Stift

Hinweis:
Quadratisch bedeutet, dass alle Seiten des Vierecks gleich sind. Das sieht dann aus wie eine Seite eines Würfels. Für das Origami sollten die Seiten des Papiers etwa 15 cm lang sein.

So geht es:

1. Nimm ein Blatt quadratisches Papier. Falte das Papier in der Hälfte.
2. Falte das Papier erneut in der Hälfte.
3. Klappe das Papier wieder auseinander. Die Knicke sollten ein Kreuz ergeben.
4. Falte das Papier nun diagonal in der Hälfte. Die gegenüberliegenden Spitzen liegen dabei aufeinander. Falte das Papier wieder auseinander. Wiederhole diesen Schritt mit der anderen Diagonale. Du solltest nun vier große Dreiecke auf dem Papier erkennen.
5. Falte nun zwei gegenüberliegende Dreiecke in sich zusammen. Dafür knickst du sie an der waagerechten Knickkante ein. Drücke das Papier glatt. Du erhältst eine dreieckige Form.

6. Falte die Ecken unten rechts und links der oberen Lage zur Spitze.
7. Falte die neuen unteren Kanten dann zur Mitte. Das werden der Kopf und der Körper des Frosches.

8. Drehe das Blatt um. Falte die linke und rechte Kante zum Mittelknick.

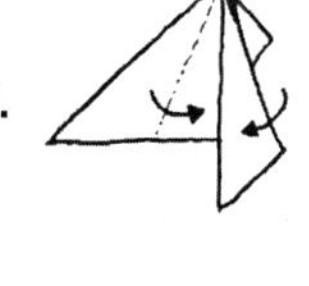

9. Falte die eingeklappten Seiten zur Hälfte nach außen. Die äußeren Kanten liegen dabei aufeinander. Das sind die Beine des Frosches.

10. Klappe den oberen Teil des Frosches nach unten.

11. Drehe das Papier um. Knicke die Beine nach oben. Lasse dabei etwa einen Zentimeter Platz zum Rand, sodass die Beine eine Zick-Zack-Form ergeben.

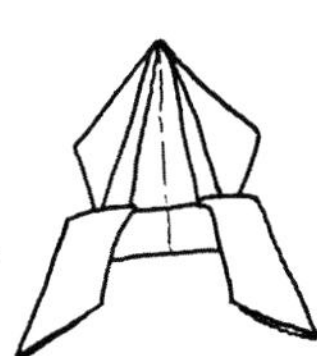

12. Drehe den Frosch auf die andere Seite.
    Male ihm mit einem schwarzen Stift ein Gesicht.

Jetzt kann der Papierfrosch loshüpfen! Drücke dazu einfach sein Hinterteil herunter und lasse es wieder los. Viel Spaß!

Name: ______________________ Datum: ______________

Wörter-Schlange

In diesen Wörter-Schlangen haben sich einige Wörter versteckt.

Kannst du sie finden?

Markiere sie farbig.

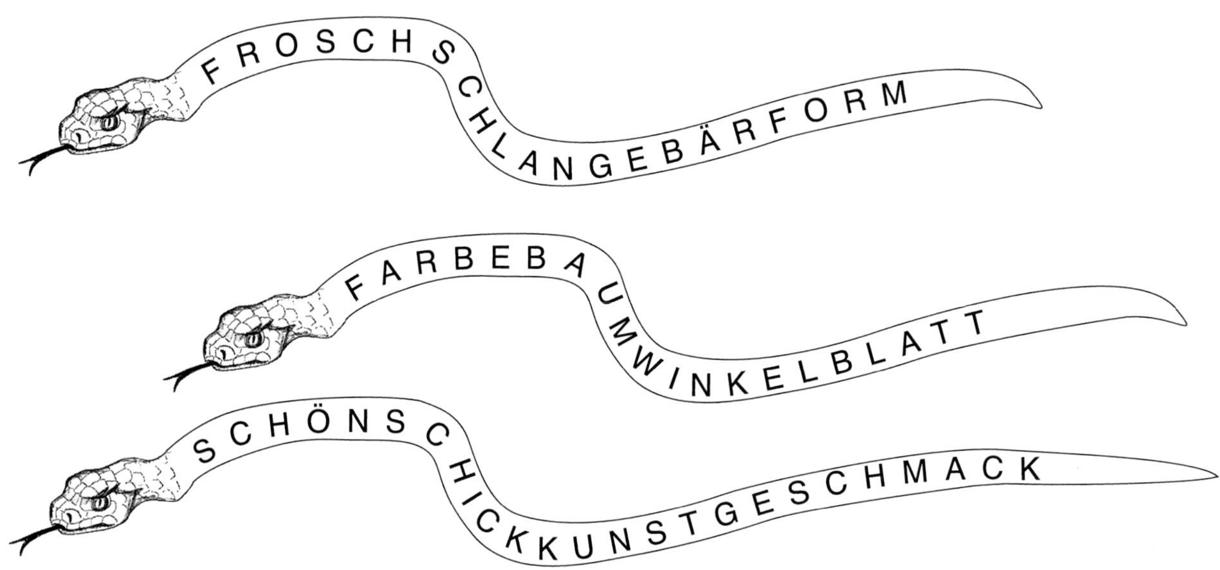

Name: ______________________ Datum: ______________

Schlange ist wütend

BVK • Lara Keste: Kunst zum Kinderbuch „Der Farbenfrosch“ von Alex Willmore

Frosch wollte aus Schlange schöne Kunst machen.
Dafür hat er sie in alle Richtungen verbogen.

1. Warum freut sich Schlange nicht über ihre neue Form?
   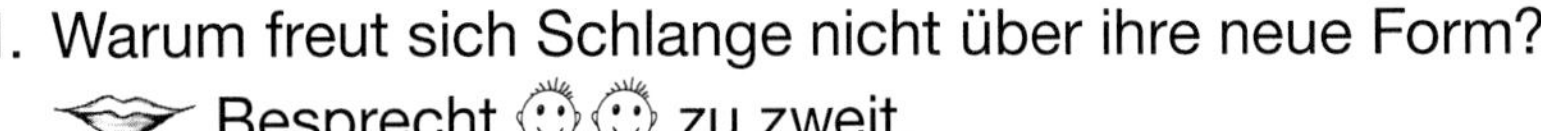
   Besprecht zu zweit.

2. Wie könnte Frosch es wiedergutmachen?
   Schreibe deine Ideen auf.

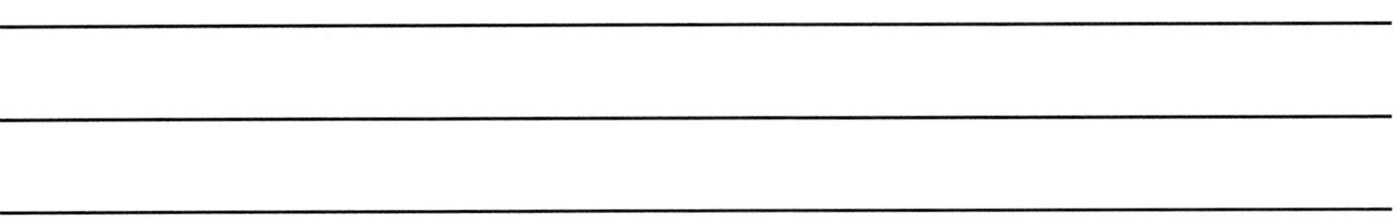

Name: ______________________ Datum: ____________

Steine und Muscheln bemalen

Frosch bemalt den Panzer der Schildkröte. Die ist darüber ganz schön empört. Schildkröten bemalt man ja auch nicht! Damit dir das nicht passiert, kannst du lieber Steine und Muscheln bemalen.

Du brauchst:
1 Unterlage, 1 Malkittel, (glatte) Steine und Muscheln, Acrylfarbe und Pinsel oder Acrylmarker, Wasserglas, Klarlack(-Spray)

So geht es:
1. Lege deinen Platz mit der Unterlage aus und ziehe deinen Malkittel an.
2. Dann kann es auch schon losgehen: Bemale die Steine und Muscheln ganz nach deinen Vorstellungen mit der Acrylfarbe. Du kannst Tiere, Menschen, Wörter oder Muster auf die Steine und Muscheln malen. Die Muster kannst du auch mit einem kleinen Pinsel auftupfen. Nimm dazu viel Farbe mit dem Pinsel auf. Tupfe dann die Spitze auf, sodass ein runder Farbklecks bleibt.
3. Lasse die Farbe gut trocknen.
4. Versiegle die Steine und Muscheln dann mit dem Klarlack. So hält die Farbe gut und wird wetterfest.

Name: ______________________ Datum: ____________

Eine Statue aus Pappmaché

Du kannst genau wie Frosch eine Statue herstellen, aber aus Pappmaché.

Du brauchst:
Toilettenpapier, 1 Eimer, Wasser, Tapetenkleister, evtl. dünnen Basteldraht und 1 Drahtschere, Acrylfarben, Pinsel, evtl. Klarlack

So geht es:
1. Zerreiße Toilettenpapier in kleine Stücke und fülle es in den Eimer. Gieße Wasser darüber und lasse das Papier einweichen. Zerreiße das Papier weiter, bis ein gleichmäßiger Brei entsteht. Drücke das überschüssige Wasser aus.
2. Knete nach und nach Kleister unter den Brei, bis eine gut formbare Masse entsteht.
3. Jetzt kannst du eine Statue formen. Lasse deiner Kreativität freien Lauf! Baust du etwas Größeres, kannst du zuvor ein Gestell aus Draht als Hilfe bauen.
4. Die Statue muss je nach Dicke der Masse einige Tage oder eine Woche lang an einem warmen Ort trocknen. Danach kannst du sie bemalen und mit einer dünnen Schicht Klarlack wasserfest machen.

Vogel würde sich über deine hübsche Statue bestimmt freuen!

BVK • Lara Keste: Kunst zum Kinderbuch „Der Farbenfrosch“ von Alex Willmore

Name: ________________________________ Datum: ________________

Ein Porträt mit fremder Hand

Frosch malt mit der Rute vom Fuchs dessen Portrait. Ein Porträt ist ein Bild von einer Person. Mit diesem Bild soll auch die Persönlichkeit des Menschen eingefangen werden. Das berühmteste Porträt ist wohl das Bild der Mona Lisa von dem Künstler Leonardo da Vinci.

So ein Porträt kannst du nun selbst versuchen. Aber als Pinsel wird dabei die Hand eines anderen Kindes genommen.

Du brauchst:
1 Partnerkind, 1 Unterlage, 2 Kittel, 1 Augenbinde, 1 Blatt Papier, Fingerfarben, einige Schälchen, etwas Wasser

So geht es:

1. Suche dir ein Partnerkind, das du malen möchtest. Bei dieser Aufgabe braucht ihr etwas Vertrauen.
2. Deckt den Tisch mit einer Unterlage ab und zieht die Malkittel an. Füllt jeweils etwas von den Farben in Schälchen. Füllt ein weiteres Schälchen mit Wasser. Legt das Blatt auf die Unterlage.
3. Verbinde deinem Partnerkind die Augen.
4. Nimm nun vorsichtig die Hand deines Partnerkindes. Nimm den Zeigefinger, mehrere Fingerspitzen oder die ganze Hand und tauche sie in die Farbe. **Achtung:** Dein Partnerkind und auch du können jederzeit nein sagen, wenn ihr etwas nicht möchtet oder euch etwas unangenehm ist!
5. Male das Porträt deines Partnerkindes. Versuche, seine Persönlichkeit darzustellen. Ist dein Partnerkind zum Beispiel sehr lustig? Dann könntest du es lächelnd und in bunten Farben malen.
6. Wasche die Hand deines Partnerkindes vorsichtig in dem Schälchen Wasser ab, wenn du die Farbe wechselst.
7. Lasse die Farben am Ende gut trocknen.

Zeige das fertige Bild deinem Partnerkind. Vielleicht kannst du auch erklären, welche Merkmale und Eigenschaften du dargestellt hast?

BVK • Lara Keste: Kunst zum Kinderbuch „Der Farbenfrosch" von Alex Willmore

Name: ______________________ Datum: ______________

Tiermasken basteln

Du brauchst:
Kopiervorlage „Tiermasken“ (s. S. 25 – 28), 1 Bleistift, bunte Pappe, 1 Schere, Bunt- oder Filzstifte, 1 Locher, elastisches Band, evtl. Kleber und Dekomaterial (zum Beispiel Moosgummi, Glitzer, Gelstifte, Pappreste, Federn …)

So geht es:
1. Suche dir aus den Kopiervorlagen „Tiermasken“ ein Tier aus dem Buch aus. Schneide die Maske aus der Vorlage aus.
2. Übertrage die Maske mit einem Bleistift auf die farblich passende Pappe. Schneide die Maske noch einmal aus. Du kannst die Kopiervorlage auch direkt auf die Pappe kleben, anmalen und dann ausschneiden. Denke auch daran, die Löcher für die Augen vorsichtig auszuschneiden.
3. Loche die Maske seitlich an den markierten Stellen. Hier wird das Band befestigt.
4. Schneide ein etwa 30 cm langes Stück von dem elastischen Band ab. Knote es an beiden Seiten der Maske fest. Achte darauf, dass es nicht zu eng oder zu locker sitzt.
5. Nun kannst du die Maske noch weiter verzieren. Klebe zum Beispiel Glitzer oder Federn auf.

Jetzt ist deine Maske bereit für eine Kunstaufführung!

Kopiervorlage „Tiermasken“ (1)

Frosch

Bei Bedarf bitte hochkopieren.

Name: ______________________ Datum: ______________

Kopiervorlage „Tiermasken“ (2)

Schlange

Bei Bedarf bitte hochkopieren.

Name: ______________________ Datum: ______________

Kopiervorlage „Tiermasken“ (3)

Bei Bedarf bitte hochkopieren.

Name: ______________________ Datum: ______________

Kopiervorlage „Tiermasken" (4)

Hase

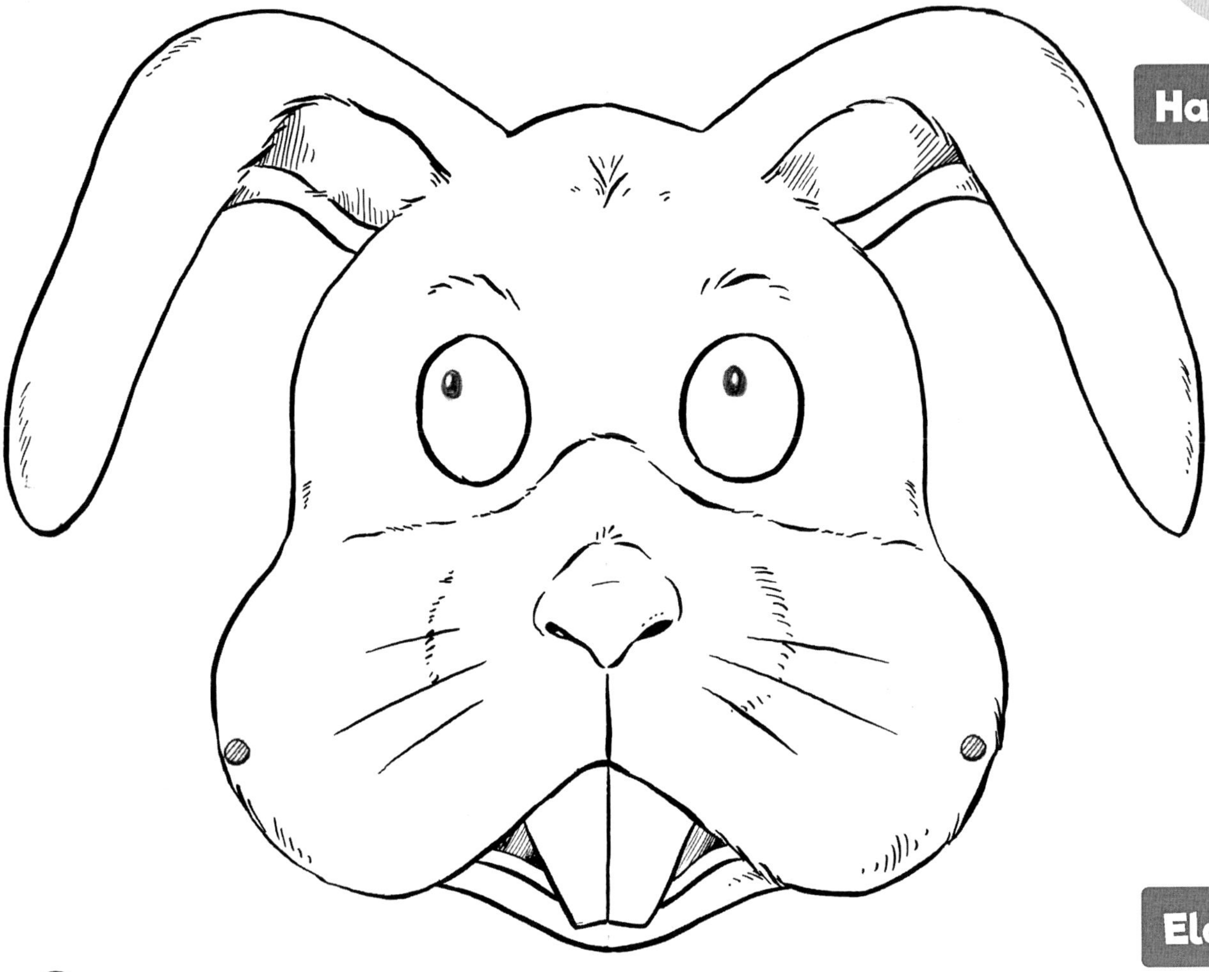

Elch

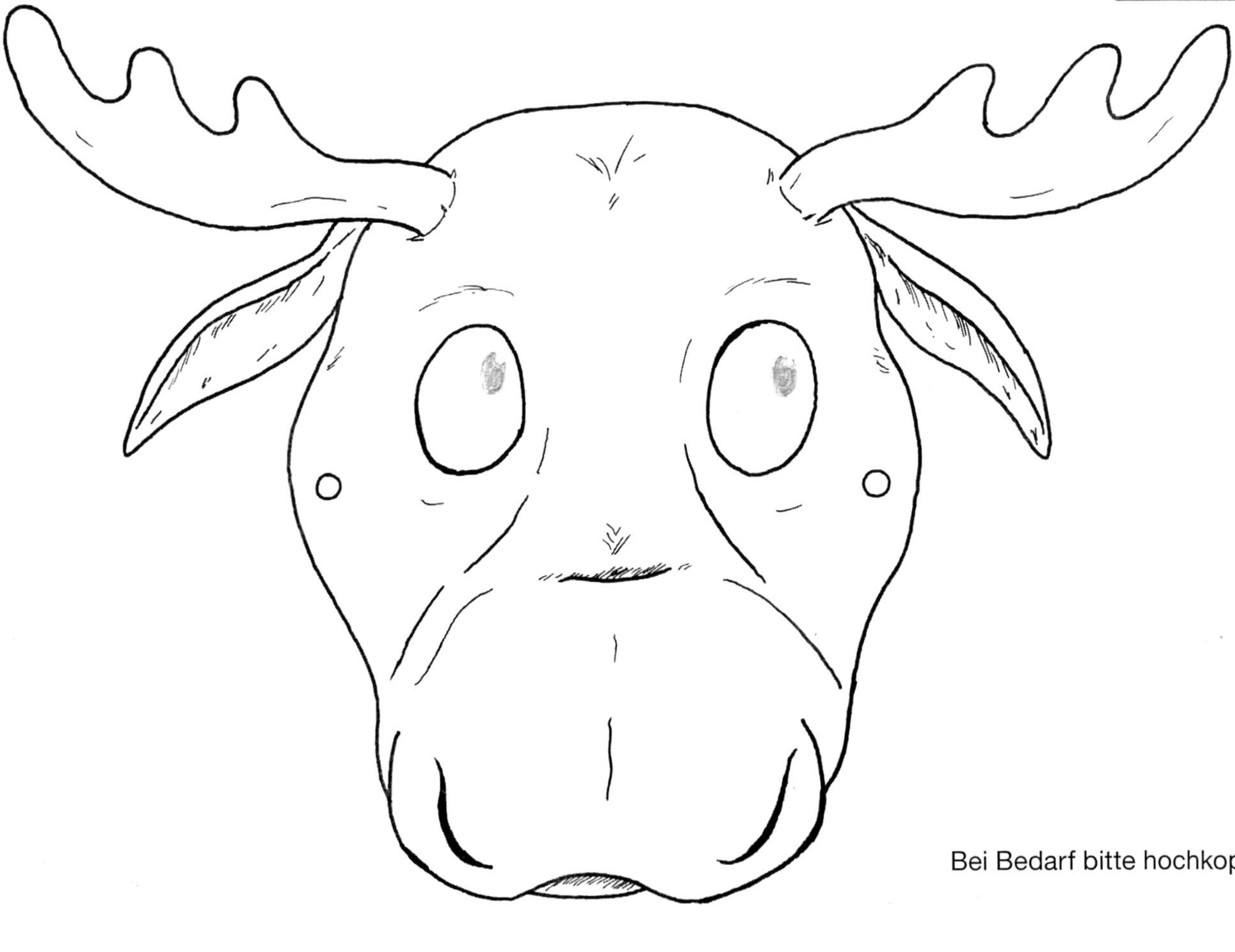

Bei Bedarf bitte hochkopieren.

Name: ______________________________ Datum: ______________

Kunstaufführung „Der Farbenfrosch“

Frosch macht mit dem Hasen eine Kunstaufführung. Eine Kunstaufführung ist zum Beispiel ein Tanz oder ein Theaterstück. Die Kunst wird also vor einem Publikum aufgeführt. Man nennt sie deshalb auch darstellende Kunst.
Aus der Geschichte aus dem Buch könnt ihr selbst eine Kunstaufführung gestalten, nämlich ein Theaterstück.

Ihr braucht:
Stifte, Papier, Tiermasken (s. S. 25 – 28), Kleidung passend zu den Farben der Tiere, evtl. ein Bühnenbild

So geht es:

1. Schreibt und malt euch zuerst ein Drehbuch.
   Schreibt darin auf, welche Szenen es in eurem Theaterstück geben soll.
2. Notiert zu den Szenen, was und wer auf der Bühne zu sehen sein soll.
   Malt eine Skizze dazu. Schreibt außerdem auf, wer was macht oder sagt.
3. Wenn ihr wollt, könnt ihr ein Bühnenbild aufbauen. Ein großes grünes Tuch kann zum Beispiel den Sumpf darstellen. Für die Bäume und Pflanzen können große Stücke Pappe ausgeschnitten und angemalt werden.
4. Verteilt dann in eurer Gruppe die Rollen der Tiere. Manche Tiere können auch mehrfach vorkommen, wenn ihr zu viele Darsteller seid.
   Jeder übt nun mit Hilfe des Drehbuches seine Rolle.
   Probt euer Theaterstück ausreichend, bevor ihr es vor Publikum aufführt.

Name: ______________________ Datum: ______________

Alles kann Kunst sein – Joseph Beuys

1. Frosch sagt, dass alles Kunst sein kann.
   Was meint Frosch damit wohl?
   Besprecht eure Ideen in der Klasse.
2. Auch viele moderne Künstler und Künstlerinnen sahen das so. Besonders der Künstler Joseph Beuys.
   Lies den Info-Text über Joseph Beuys und seine Kunst aufmerksam.
   Markiere wichtige Informationen farbig.

Info-Text

Joseph Beuys wurde 1921 in Krefeld geboren. Nach dem Zweiten Weltkrieg lernte er das Malen und das Bildhauen. Beuys wurde schnell berühmt, weil seine Kunst ungewöhnlich war. Zum Beispiel benutzte er für seine Werke oft Fett und Filz.

Zu seiner Zeit dachten viele, dass nur ganz bestimmte Sachen Kunst sein können. Doch er und manche andere Künstler dachten, dass alles Kunst sein kann. Zum Beispiel war Beuys auch ein Aktionskünstler. Er führte also seine Kunst vor und dachte sich dafür verrückte Aktionen aus. Einmal verbrachte er zum Beispiel einige Tage eingesperrt in einem Raum mit einem Kojoten.

Joseph Beuys war außerdem der Meinung, dass jeder Mensch ein Künstler ist. Damit meinte er nicht, dass jeder Mensch ein Maler oder Bildhauer ist. Aber alle können sich daran beteiligen, das Zusammenleben der Menschen zu verbessern.

Dadurch ist jeder ein Künstler.

3. Schaue dir einen oder mehrere Künstler und ihre Werke in Sachbüchern oder im Internet an.
   Tipp: Im Kasten findest du einige Namen von Künstlern und Künstlerinnen.

> Leonardo da Vinci – Caspar David Friedrich –
> Claude Monet – Vincent van Gogh – Pablo Picasso –
> Salvador Dali – Paula Modersohn-Becker – Käthe Kollwitz

4. Vergleiche ihre Kunst mit der Kunst von Joseph Beuys.
   Sprecht in der Klasse darüber.

Name: ______________________ Datum: ______________

Den Elch frisieren

Du brauchst:
Kopiervorlage „Elch“ (s. S. 32, groß auf ein DIN-A3-Blatt kopiert), Kopiervorlage „Geweih“ (s. S. 32), Wasserfarbe, Pinsel, Wasserglas, Stoffreste, Watte, Fadenreste, evtl. Schälchen und Wasser, 1 Schere, Kleber, 1 schwarzen Filzstift, 1 Bleistift, Tonkarton ca. DIN A4, 1 kleines Glas, Nadel und Faden, bunte Perlen, 1 Heißklebepistole (Hierbei hilft dir deine Lehrkraft!)

So geht es:

1. Male die Kopiervorlage „Elch“ mit Wasserfarben an. Male den Elch in einem hellen Braun an.
2. Nun geht es an das Frisieren des Elches:
   - Suche dir Stoffreste, Fadenreste und Watte. Die Watte kannst du auch einfärben. Fülle dafür Wasser in ein Schälchen und mische etwas Wasserfarbe dazu. Lege die Watte hinein. Ziehe die Watte nach einiger Zeit wieder heraus. Wringe sie vorsichtig aus und lasse sie gut trocknen.
   - Schneide deine Materialien zurecht und lege sie auf den Elch. Gestalte so sein Fell. Du kannst auch Teile des Elches frei lassen. Das sind dann die „rasierten“ Stellen.
   - Wenn du zufrieden bist, klebe die Materialien auf. Achte darauf, dass die Augen frei bleiben. Den Mund und die Nase kannst du noch mit einem schwarzen Filzstift aufmalen.
3. Jetzt wird das Geweih gestaltet:
   - Übertrage das Geweih einmal auf Tonkarton. Schneide die Teile aus.
   - Suche dir einen Faden aus und klebe das Ende unten am Geweih fest. Umwickle nun beide Teile mit dem Faden. Versuche, dabei keine Lücken zu lassen. Zwischendurch kannst du bunte Perlen auffädeln.
   - Klebe sie anschließend rechts und links an den Kopf deines Elches. Achte darauf, dass sie beide richtig herum sind.
4. Jetzt fehlt nur noch der Blumenkranz:
   - Suche dir einen Stoff aus. Male mit Hilfe des kleinen Glases Kreise auf den Stoff. Für jede Blume brauchst du zwei Kreise. Schneide die Stoffkreise aus und halbiere sie. Das werden deine Blüten.
   - Schneide ein etwa 20 cm langes Stück Faden ab. Fädle den Faden auf der Nadel auf. Verknote das Ende des Fadens mehrmals, sodass er nicht mehr durch den Stoff rutschen kann. Führe Nadel und Faden immer hoch und runter entlang der geraden Kante. Das macht du mit allen 4 Halbkreisen nacheinander. Ziehe dann den Faden fest und verknote ihn. Es sollte nun aussehen wie eine Blume.
   - Klebe mit dem Heißkleber eine Perle in der Mitte der Blume fest. Lasse dir dabei von einer Lehrkraft helfen!
   - Klebe die Blumen als Kranz auf den Kopf deines Elches.

Fertig ist dein frisierter Elch!

Name: ______________________ Datum: ______________

Kopiervorlage „Geweih“ und „Elch“

Bei Bedarf bitte hochkopieren.

BVK • Lara Keste: Kunst zum Kinderbuch „Der Farbenfrosch“ von Alex Willmore

Name: ______________________ Datum: ______________

Die Tiere sind nicht erfreut!

1. Die Tiere haben überall Farbspuren hinterlassen. Was wollten sie Frosch wohl sagen?
   Ergänze die fehlenden Buchstaben.

Das ist a_er ein gr_ßes _urcheina_de_,

das du hi_terl_ssen ha_t!

_u solltest lie_er deine _achen neh_en

und nach _au_e ge_en.

2. Die anderen Tiere bezeichnen Froschs Kunst als Durcheinander. Kann du das nachvollziehen? Besprecht in der Klasse.

Name: ______________________ Datum: ______________

Tiere suchen

1. Kannst du die 10 Tiere im Suchsel finden? Markiere sie farbig.

S	C	H	I	L	D	K	R	Ö	T	E	L	S
K	J	F	O	A	V	S	W	A	O	H	G	C
R	W	U	K	F	R	O	S	C	H	C	E	H
O	L	C	L	C	T	K	C	L	K	T	L	L
K	K	H	G	H	Y	N	J	H	O	Y	C	A
O	W	S	U	V	R	D	R	G	T	K	H	N
D	X	G	A	J	B	I	E	N	E	A	R	G
I	T	B	Ä	R	R	M	G	R	H	V	K	E
L	H	P	L	T	K	X	J	H	A	S	E	M
X	E	I	C	H	H	Ö	R	N	C	H	E	N

Name: ______________________ Datum: ______________

Vorher war es besser

1. Frosch überlegt: Fanden die Tiere es vorher wirklich besser?
   Warum ist das so?
   Besprecht zu zweit.
2. Frosch wollte die anderen Tiere erfreuen. Er hat sie aber nur wütend gemacht.
   Ging es dir auch schon einmal wie Frosch? Male auf ein Blatt.
3. Wie könnte Frosch das wieder gutmachen?
   Schreibe deine Ideen in die Gedankenblase.

Name: ______________________ Datum: ______________

Deine Sumpf-Collage

Bastle dir deinen eigenen Sumpf, ganz nach deinen Vorstellungen!

Du brauchst:
1 Blatt Papier (DIN A3), Farben, 1 Pinsel, Stifte, 1 Schere, Kleber, verschiedene Materialien (alles, was du finden kannst, zum Beispiel Papierreste, Naturmaterialien, Moosgummi, Zeitschriften, Glitzer, Stoffreste …)

So geht es:
1. Male erst den Hintergrund deines Sumpfes auf ein Blatt Papier, also das Wasser, und vielleicht einige Pflanzen und Steine.
2. Dann kannst du dich austoben!
   Male, schneide, klebe und gestalte den Sumpf so, wie er dir gefällt.
   Hier gibt es kein Richtig oder Falsch. Alles, was du schön findest, kann in deine Collage.

Viel Spaß!

BVK • Lara Keste: Kunst zum Kinderbuch „Der Farbenfrosch" von Alex Willmore

Name: ______________________ Datum: ____________

Eine Einladung zur Kunstausstellung

Bastel eine Einladung für deine Famile und Freunde.

Du brauchst:
1 große Unterlage, 1 Malkittel, Kopiervorlage „Einladung“ (s. u.), weiße Pappe, Schere, 1 Zahnbürste, 1 Glas Wasser, Wasserfarbe, 1 Stift, evtl. Schablonen (s. S. 17), evtl. Washi-Tape

So geht es:
1. Lege eine große Unterlage auf den Tisch. Ziehe den Malkittel an.
2. Kopiere die Einladung auf weiße Pappe. ✂ Schneide die Einladung aus. Lege die Einladung mit der leeren Außenseite nach oben auf die Unterlage.
3. Tauche die Zahnbürste in das Wasser. Reibe mit der Zahnbürste über eine Farbe.
4. Spritze die Farbe auf das Papier, indem du mit dem Finger über die Borsten reibst. Du kannst auch vorher Schablonen auflegen und mit Washi Tape festkleben. Diese Felder bleiben dann weiß. Wasche die Zahnbürste gut aus, bevor du eine neue Farbe verwendest. **Tipp:** Du kannst auch selbst Schablonen entwerfen.
5. Lasse die Farben gut trocknen. Klappe dann die Karte zusammen. Der bunte Teil sollte außen sein.
6. Fülle die Einladung aus.

Kopiervorlage „Einladung“

EINLADUNG

zu unserer
Kunstaustellung

Wir sind Künstler.
Unsere Kunst wollen wir mit dir teilen!

Wo:

____

Wann:

____

Wir hoffen, dass du zu unserer Ausstellung kommen kannst.

 Bei Bedarf bitte hochkopieren.

Name: ______________________ Datum: ______________

Meine Freunde

Male ein Bild von dir und deinen Freunden.

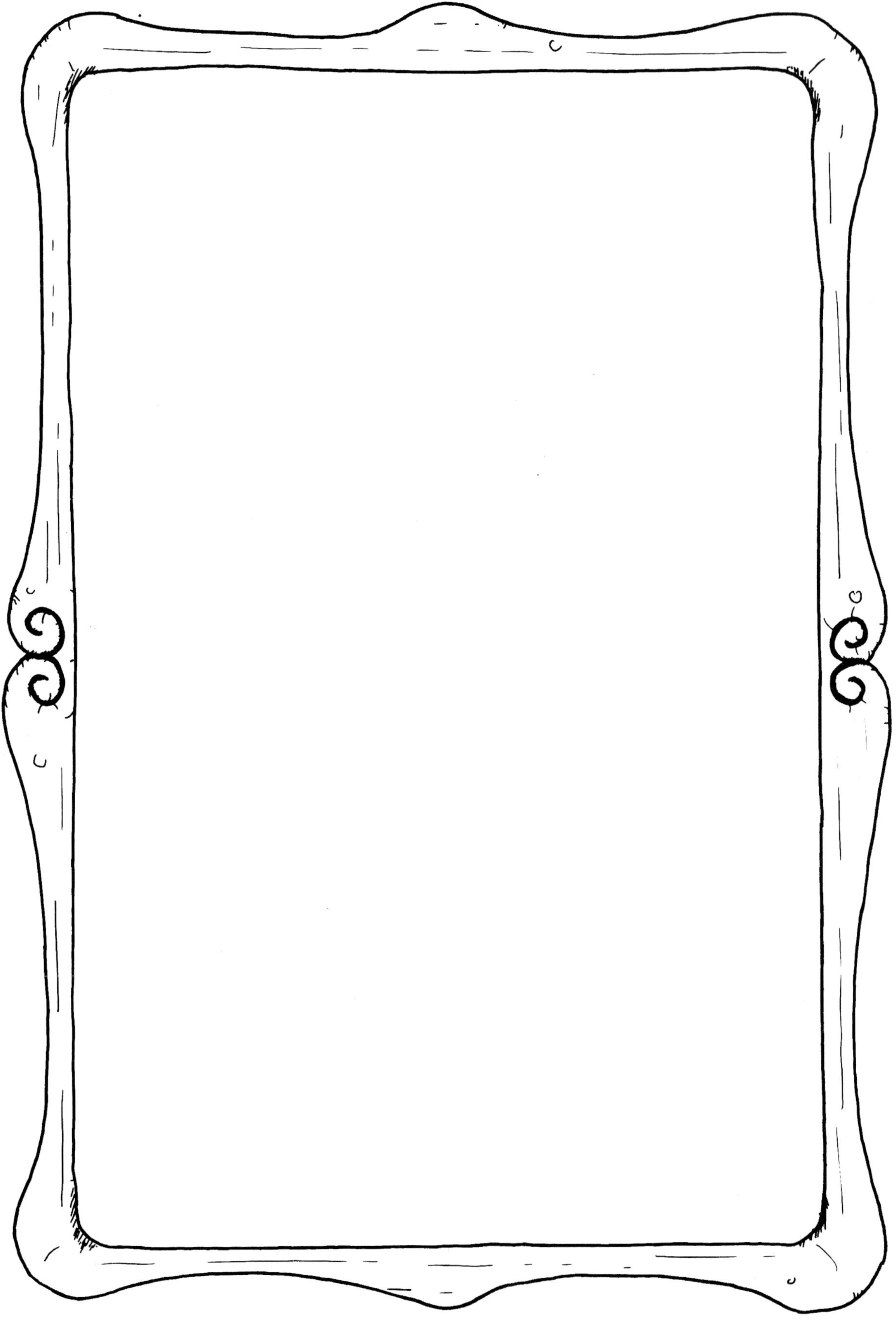